LE
PROGRAMME SOCIALISTE
FRANÇAIS

Faites aux autres ce que vous
voudriez qu'on vous fît.

Tous pour un et un pour tous.

SOMMAIRE

GÉNÉRALITÉS — ÉTAT POLITIQUE — ÉTAT SOCIAL
RÉFORMES — RÉFORMES POLITIQUES
RÉFORMES SOCIALES — FINANCES — RÉSUMÉ
CONCLUSIONS.

Prix : 50 cent. — Par poste : 60 cent.

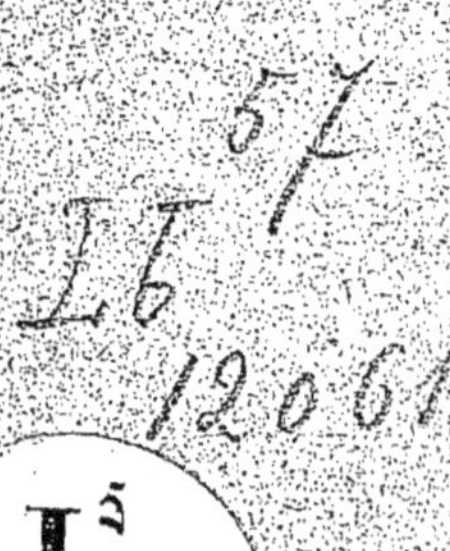

AUCH
...RAPHIE ET LITHOGRAPHIE J. CAPIN, RUE SAINT-AMANT

1898

LE
PROGRAMME SOCIALISTE
FRANÇAIS

LE
PROGRAMME SOCIALISTE
FRANÇAIS

> Faites aux autres ce que vous
> voudriez qu'on vous fît.

> Tous pour un et un pour tous.

Dans ces quelques pages, j'ai essayé de dégager et de réunir en un bloc les idées généreuses, justes et pratiques, qui hantent les esprits soucieux de l'avenir politique et social de la France. Le succès ou la chûte de mon travail me dira si j'ai réussi.

Généralités.

Si nous étions tous bons, justes et généreux, la paix et l'harmonie règneraient parmi les humains, le fort aiderait le faible, le riche donnerait au pauvre, l'heureux consolerait le malheureux et nous pourrions adopter ce beau régime de liberté absolue, où, sans lois, sans maîtres et sans contrainte d'aucune sorte, nous jouirions d'une indépendance complète, d'une sécurité entière, d'un bonheur parfait. Mais, tout en nous dotant de quelques qualités la nature nous a affligés de nombreuses imperfections, et notre égoïsme seul nous porterait bien vite à profiter de notre force, de notre adresse, de notre richesse, pour dominer, exploiter, pressurer nos frères moins bien partagés.

Aussi faut-il, pour ne pas retomber à l'état sauvage, nous astreindre à nous tracer des règles ou lois, qui limitent les excès produits par nos multiples défauts, et nous imposent la pratique des vertus sociales.

Le but idéal de la civilisation est d'arriver par un ensemble de règlements bien compris, à préserver l'humanité de la plupart des maux qui l'accablent et à lui procurer la plus grande somme de bonheur possible. Les deux révolutions de 89 et de 48 ont assurément fait beaucoup pour nous rapprocher de cet idéal, l'une en nous délivrant de la tyrannie de la noblesse, l'autre en nous dotant du suffrage universel, ce puissant levier qui transformera le monde. Mais combien il reste encore à faire ! Que d'inégalités à supprimer, que d'injustices à réparer et que de misères à soulager !

Etat politique.

Nous voyons en effet tout d'abord dans l'ordre politique, un gouvernement accaparé par une petite poignée de pseudo-républicains, animés d'un esprit anti-démocratique et se laissant protéger par les gros bonnets de la réaction, de la finance et du clergé. Puis, deux Chambres qui se jalousent, se contredisent et n'arrivent à rien; une centralisation excessive servie par une paperasserie tracassière et interminable; la vie cantonnale incomprise et étouffée; les communes asservies à la Préfecture; la police employant contre les citoyens les plus mauvais procédés de l'Empire; la liberté individuelle méconnue; les faveurs et l'avancement réservés aux riches, aux réactionnaires et aux cléricaux.

Etat social.

Dans l'ordre social c'est bien pire encore. Les petits cultivateurs, surchargés d'impôts et accablés par les mauvaises années, les grêles, les gelées ou les inondations, ne trouvent aucun secours sérieux auprès de l'Etat, ne peuvent réparer leurs terres et se voient condamnés à une vie de privations en attendant la ruine totale.

Le petit commerce, autrefois si prospère, s'appauvrit peu à peu, périclite et disparaît, frappé par la concurrence déloyale des gros capitaux. De patrons qu'ils étaient, la plupart des petits commerçants sont devenus les humbles et tremblants employés des Grands Magasins qui les ont asservis après les avoir ruinés.

Les prolétaires, travailleurs des bras ou de la plume, sont les parias de la Société. Sans cesse à la merci des employeurs, ils végètent au jour le jour. Plus malheureux que les esclaves, non seulement ils n'ont pas le loisir d'user de leur liberté, mais encore ils perdent le droit à l'existence quand la maladie ou le chômage vient interrompre leur travail; et ils meurent épuisés par la souffrance et la faim, quand le désespoir ne les a pas déjà conduits au suicide.

La femme n'a pas non plus dans notre Société la place qu'elle devrait y occuper. Quoique semblable à l'homme et son égale en intelligence et en courage, elle est traitée par la loi comme un être inférieur, qui doit soumission et obéissance.

Réformes.

La Société se compose d'adultes, d'enfants et de vieillards, et parmi eux il y a des forts et des faibles, des malades et des bien portants, des pauvres et des riches. Pour que cette réunion d'êtres humains si divers put vivre dans une harmonie parfaite, il eut suffi que le législateur obligeât les forts à aider les faibles, et les riches à secourir les pauvres. Mais jusqu'ici la loi a été faite par les forts et par les riches, et ils ont oublié d'y introduire un peu de pitié pour les malheureux qui n'avaient ni force ni richesse.

Eh bien ! c'est cette pitié que les socialistes veulent introduire dans les lois, afin de transformer la Société et la rendre meilleure. Ils veulent que la bonté et la générosité soient obligatoires; mais, à part cette juste contrainte, ils veulent laisser à tous la liberté la plus large, afin que chacun puisse travailler à son gré à l'édification de sa fortune et contribuer ainsi à la prospérité générale.

La maxime fondamentale de la Société nouvelle sera : « *Faites aux autres ce que vous voudriez qu'on vous fît.* » Et c'est sous l'inspiration de cette grande pensée de charité et de fraternité que seront élaborées toutes les réformes.

La constitution socialiste française contiendra en substance :

ARTICLE PREMIER

Il est établi entre tous les habitants de la France une Association dont le but est de s'entraider dans toutes les circonstances difficiles de la vie, de s'assurer les mêmes droits, de s'imposer les mêmes devoirs, de se garantir l'existence matérielle, avec la sécurité la plus grande et la liberté la plus complète. Cette Association porte le nom de *République Française*.

ARTICLE 2.

La République s'oblige à garantir absolument à chacun de ses Membres la libre possession et la libre disposition de ses propriétés et de ses biens. Le principe de la propriété individuelle est considéré comme le plus puissant mobile de la création de la richesse particulière et, par suite, de la prospérité générale, but essentiel de la Société.

ARTICLE 3.

La République se charge de distribuer à tous l'Instruction et la Justice, d'assurer la tranquillité publique et la Défense nationale, de donner un secours aux enfants pauvres, une pension aux vieillards sans ressources, et d'accorder assistance aux victimes de la maladie, du chômage et des calamités publiques.

ARTICLE 4.

En échange de tous ces bienfaits, la République oblige chacun des associés à verser dans ses caisses une cotisation progressive en rapport avec sa fortune.

ARTICLE 5.

La République s'administre par une Assemblée unique de représentants du Peuple. Cette Assemblée est maîtresse souveraine et directrice des destinées de la Nation.

En résumé, la *Liberté* assurée à tous, l'*Egalité* réelle devant la loi, la *Fraternité* rendue obligatoire par l'impôt, tels sont les principes de la Constitution nouvelle.

Réformes politiques.

La Chambre des Représentants du Peuple est nommée pour trois ans, au scrutin de liste. Les Représentants ayant un pouvoir absolu qu'ils ne doivent exercer qu'avec beaucoup de calme et de sang-froid, nul ne pourra être élu avant l'âge de trente-cinq ans.

Le bureau de la Chambre sera composé : 1° d'un Président; 2° d'un premier et d'un second Vice-Président chargés spécialement de suppléer le Président dans toutes ses fonctions; 3° de deux autres vice-présidents; 4° de huit Secrétaires et trois Questeurs.

Le Président de la Chambre remplira à la fois les fonctions de Président de la République en signant les décrets et promulguant les lois, et celles de Président du Conseil des ministres dirigeant le pouvoir exécutif. Mais il ne pourra jamais, ni dissoudre la Chambre, qui reste toujours souveraine comme la Nation qu'elle représente, ni refuser de promulguer une loi votée par elle. Il choisira seul ses ministres et les prendra en dehors du Parlement; ceux-ci sont nommés pour la durée de la législature; mais sont toujours révocables par le Président.

La Chambre s'occupera d'améliorer sans cesse les conditions d'existence du Peuple, en édictant des lois nouvelles et surtout en abrogeant ou réformant les anciennes. Il faudra que chaque année à la fin de leurs travaux on puisse remercier les représentants pour quelques réformes sérieuses. Le progrès dans la politique comme dans la science doit être continu.

Les Représentants du Peuple ne pourront occuper aucune autre fonction, le cumul ne doit pas être toléré dans une République. De plus ils ne pourront prendre dans l'année un total de plus de trois mois de congé.

Immédiatement au dessous de la Chambre des Représentants il y aura les Conseils régionaux, puis les Conseils départementaux, les Conseils cantonaux et les Conseils communaux. Les Maires des communes du canton formeront le Conseil cantonal et se réuniront une fois par an. Les Conseils départementaux seront recrutés et fonctionneront comme aujourd'hui. Les Conseils régionaux seront composés des Commissions départementales de la région qui se réuniront une fois par an. Chacun de ces Conseils aura un budget approprié à l'importance de ses services et pourra émettre des vœux même politiques qu'il transmettra directement.

Une large décentralisation sera introduite dans la loi municipale.

L'instruction sera donnée gratuitement à tous les degrés.

Il faut que toutes les intelligences puissent se développer pour servir leur pays.

Les enfants seront envoyés à l'école jusqu'à douze ans révolus. Les parents de ceux qui auront manqué l'école plus de trois mois durant l'année scolaire, seront traduits devant le Juge de Paix et pourront être condamnés à l'amende.

Des écoles professionnelles, des écoles spéciales d'apprentissage ou d'application seront organisées dans chaque canton et largement outillées, afin que tout Français ou Française soit capable à dix-huit ans de produire industriellement un travail utile.

L'enseignement supérieur aura un budget spécial pour aider les savants et les chercheurs qui travaillent à rehausser la gloire et le génie de la France.

Toutes les écoles de l'Etat seront absolument laïques et nul n'y pourra professer s'il n'a fait toute son éducation dans des écoles laïques, l'esprit religieux étant incompatible avec l'esprit républicain.

La Justice sera réorganisée afin de la rendre moins onéreuse, plus impartiale et plus clémente. Les droits de timbre et d'enregistrement sur les actes judiciaires seront diminués de moitié en attendant qu'on puisse les supprimer.

La compétence des juges de paix sera augmentée afin de pouvoir supprimer beaucoup de petits tribunaux devenus inutiles.

Les Présidents de Chambre et de Cour d'assises devront garder une plus grande impartialité entre l'accusation et la défense et s'inspirer plutôt d'un peu de commisération pour l'accusé, que d'animosité contre lui.

Les Juges d'instruction seront responsables, en cas d'erreur grossière, de l'injuste incarcération d'un prévenu. Par respect pour la liberté individuelle, tout prévenu sera supposé innocent. Les perquisitions domiciliaires ne seront ordonnées que devant des motifs urgents.

- La peine de mort, qui nous fait commettre un assassinat,

sous prétexte de venger un crime, sera définitivement
rayée de nos codes.

Les délits politiques et les délits d'opinion seront abolis.
Chacun aura le droit d'exprimer sa pensée, par la parole
ou par la plume, à condition que dans ses écrits ou dans ses
discours il n'y ait ni diffamation personnelle ni excitation
directe à commettre un crime.

La Police sera uniquement chargée de protéger la tranquillité et l'ordre dans la rue, de surveiller, de surprendre
et d'arrêter les malfaiteurs. Jamais on ne l'emploiera pour
des rapports ou des besognes politiques. Elle sera, dans
chaque commune sous la direction exclusive du Maire.

La défense nationale sera exercée par tout le peuple
armé. Dans une démocratie sociale qui, par essence, est
l'amie de tous les autres peuples, la guerre, l'infâme guerre
n'a plus de raison d'être. Une armée de protection et de
défense est seule nécessaire.

Aussi, dès que le nouveau régime sera proclamé, les deux
tiers des jeunes soldats seront renvoyés dans leurs foyers,
et une seule classe restera sous les drapeaux en attendant
qu'on puisse supprimer complètement l'armée permanente.

Pour arriver à cette suppression, on organisera, au canton, l'instruction militaire de tous les jeunes gens de seize
à vingt-deux ans, et le recrutement des armes spéciales se
fera par des volontaires et des professionnels.

Par ce système libéral, mieux que par tout autre, on
pourra, au moment d'une attaque soudaine, envoyer facilement un million d'hommes aux frontières.

Les fonctionnaires du régime socialiste, depuis les ministres jusqu'aux cantonniers, ont tous droit aux mêmes
égards, comme étant également utiles à la Nation. Aussi
sont-ils payés suivant leurs besoins et suivant le milieu
qu'ils habitent. Les petits fonctionnaires dont le traitement

est au-dessous de 1,500 francs, et qui n'auront pas d'autres ressources, profiteront de tous les avantages que le nouveau régime fait aux prolétaires, comme nous le verrons plus loin. Ceux qui touchent de 1,500 francs à 2,000 francs seront augmentés de 120 francs par chaque enfant qu'ils auront à leur charge. Enfin, aucun traitement fixe ne dépassera 20,000 francs.

Sous la République sociale toutes les confessions religieuses seront reconnues et respectées, mais aucune ne sera subventionnée par l'Etat. Seulement les communes resteront libres de s'imposer pour payer les exercices de leur culte et entretenir leurs édifices religieux.

Des relations cordiales seront entretenues avec toutes les nations, sans pour cela se mettre à la remorque d'aucune d'elles. Des traités de commerce seront partout conclus dans l'esprit le plus libéral d'une légère protection. Nous imposerons à nos Représentants à l'Etranger le devoir de consacrer tout leur temps à favoriser la prospérité de notre commerce et à assurer la protection de nos nationaux.

Quant à nos colonies, qui nous coûtent si cher et nous rapportent si peu, nous ne les abandonnerons pas, mais au lieu de les faire servir uniquement à flatter notre orgueil de grande puissance, nous les utiliserons au profit de notre commerce et de notre industrie, en poussant leurs populations à la consommation de nos produits. Nous nous servirons de leurs ports pour abriter et ravitailler nos navires. Et à la place de soldats et de fonctionnaires nous y enverrons des commerçants et des marchandises.

Réformes sociales.

L'amélioration du sort des humbles et la réparation des injustices sociales seront le triomphe du nouveau régime.

La femme d'abord sera relevée de son infériorité légale. C'est une faute et une injustice d'empêcher le développement de sa liberté, de la traiter en mineure et de la mettre en tutelle. Aussi nous abrogerons cette loi inique et nous la remplacerons par la disposition suivante :

« La femme a les mêmes droits que l'homme dont elle est l'égale. Elle peut, comme lui, librement travailler, vendre et acheter, appeler et répondre en justice, servir de témoin en toute circonstance. Son mari sera pour elle un ami mais non un maître. »

Les petits cultivateurs si malheureux aujourd'hui seront dégrevés d'une bonne partie de leurs impôts. On supprimera pour eux le terrible souci des intempéries, grêle, gelée, inondation qui ravagent leurs récoltes en leur accordant une indemnité qui pourra aller jusqu'à 50 % de leurs pertes. Sûrs d'avoir toujours une récolte moyenne ou du moins passable, ils trouveront du crédit et pourront toujours se procurer de l'argent pour réparer leurs terres ou améliorer leurs cultures. Ce sera là ce qui constituera pour eux la véritable assurance et le véritable crédit agricole.

Le petit commerce et la petite industrie doivent être rétablis. Ils transformeront une foule d'ouvriers intelligents en petits patrons auxquels ils donneront à la fois l'aisance et l'indépendance. D'un autre côté, plus il y aura de patrons, plus les ouvriers trouveront à se placer facilement. Pour arriver à cette heureuse multiplication des petits patrons, on prendra les dispositions suivantes contre les grands Magasins, les grandes Usines et les grandes Compagnies :

1° Tout patron occupant plus de vingt ouvriers ou employés en dehors de sa famille, paiera un impôt extraordinaire de 5, 10 ou 20 francs par ouvrier, suivant qu'il en occupera de 20 à 100, — de 100 à 500 — ou plus de 500;

2° Toute invention ou découverte qui aura réussi à favoriser le travail des petits ateliers au détriment des grandes usines, sera achetée par l'Etat et livrée au domaine public.

Le succès des grandes usines a été favorisé par le progrès de la science, par la machine à vapeur surtout. Mais le mal que le progrès a fait, le progrès peut le guérir. Le petit machinisme de famille remplacera les grosses chaudières et les grandes cheminées. Les inventeurs, ces grands bienfaiteurs de l'humanité auront vite opéré cette transformation. Toutes ces petites entreprises, servies par un nouvel outillage approprié, pourront concurrencer avec avantage les grandes usines et se présenter sur les marchés à côté d'elles. — En outre, plus ces ateliers seront nombreux, plus il y aura d'occasions pour le développement de l'initiative et du génie individuels. Libre essor pour tous les forts et les intelligents, travail assuré pour les faibles et les ignorants qui ne sachant rien faire par eux-mêmes serviront de leur mieux sous la direction paternelle de leurs frères plus heureux.

La classe ouvrière et prolétarienne étant celle qui souffre le plus des injustices sociales, c'est pour elle que le nouveau régime réservera toute sa bonté et consentira les plus grands sacrifices. L'organisation du travail et de l'assistance seront les moyens employés pour relever ces déshérités.

Dans chaque commune les ouvriers et ouvrières seront invités une fois par an à se réunir à la mairie par corps de métier, pour fixer le salaire minimum de la journée de travail. Un double de leurs décisions restera à la Mairie.

Tout patron, qui louera un ouvrier ou employé pour une période de plus d'un mois, sera tenu de passer avec lui un contrat de louage d'ouvrage exposant les obligations respectives des contractants. L'ouvrier conservera ainsi tous ses droits d'homme libre et ne pourra être renvoyé sans motif sérieux; de même il ne pourra abandonner son travail avant le terme de son contrat. Dans ces conditions les grèves, si désastreuses pour tous, deviendront beaucoup plus rares, si elles ne sont pas tout à fait supprimées.

Les ouvriers sans travail, exposés à la misère et aux tentations mauvaises, deviennent des recrues pour le vice et parfois pour le crime. Pour les aider dans la recherche du travail qu'ils ne peuvent ou ne savent se procurer, on établira dans chaque commune un Bureau de placement gratuit, qui sera tenu par le Secrétaire de la Mairie dans les petites localités, et par un agent spécial dans les grandes villes et les villes industrielles.

En outre, on installera dans chaque commune un ou plusieurs ateliers d'assistance appropriés aux industries de l'endroit, et là seront admis les ouvriers ou ouvrières pauvres, qui, après huit jours d'inscription au bureau de placement n'auront pu trouver du travail. Cet ensemble de mesures diminuera fortement et supprimera peut-être cette plaie des travailleurs : le chômage.

L'assistance sera réglée ainsi qu'il suit :

1º Toute personne *pauvre* aura droit, en cas de maladie, aux remèdes et au médecin gratuits, ainsi qu'à une indemnité minimum de 1 fr. 50 par jour de maladie;

2º Toute personne *pauvre,* incapable de gagner sa vie, recevra en outre le pain gratuit et un secours minimum de 10 francs par mois;

3º Toute personne *pauvre,* qui aura ou prendra à sa charge un ou plusieurs enfants au-dessous de 15 ans, recevra en outre une subvention minimum de 10 francs par mois et par enfant;

4º Toute personne *pauvre,* ayant dépassé l'âge de 65 ans recevra en outre une retraite de 30 francs par mois. Les invalides du travail seront assimilés aux vieillards;

5º Toute personne *pauvre* qui, après huit jours d'inscription au bureau municipal de placement, n'aura pas trouvé du travail, sera admise à entrer dans un atelier d'assistance, avec un salaire minimum de 1 fr. 50 par jour jusqu'à ce qu'elle ait trouvé du travail;

6º Est réputée *pauvre,* toute personne dont la fortune totale ne dépasse pas une valeur de 500 francs, dont le revenu est nul, dont tout le travail de l'année ne produit pas plus de mille francs, et qui ne peut être efficacement secourue par un parent direct plus fortuné;

7° Toute personne pourra à n'importe quelle époque de sa vie se faire inscrire ou réintégrer sur le livre des pauvres de la commune. Son affirmation sous serment accompagnée du témoignage de deux personnes honorables suffira. Toute fausse déclaration ou faux témoignage sera puni de prison;

8° Toute victime d'une catastrophe ou calamité publique, recevra une indemnité qui variera de dix à cinquante pour cent du dommage, suivant la situation de fortune qui restera au sinistré, après l'accident;

9° Il sera créé un douzième ministère, le ministère du Travail et de l'Assistance qui s'occupera des questions ouvrières mais surtout d'assistance. Il centralisera tous les fonds nécessaires à cet effet, notamment les fonds de l'assistance publique et de tous les Bureaux de Bienfaisance, qui seront versés dans ses caisses. Puis il ordonnancera un crédit pour chaque commune suivant ses besoins.

C'est ainsi que la Société nouvelle pratiquera la fraternité et la solidarité, en supprimant radicalement non pas la pauvreté mais la misère. Elle ne laissera aucun de ses enfants dans le besoin, et permettra aux vieillards de se reposer en attendant paisiblement la fin de leurs jours.

Quelle admirable transformation dans l'Etat et dans la Famille ! Tout un peuple de travailleurs va se trouver délivré du souci poignant de l'avenir et de la peur de la vieillesse; plus de misère, plus d'hôpital. La naissance d'un enfant de plus ne sera pas comme aujourd'hui une gêne, mais une nouvelle source de joie. Les vieux parents ne seront plus pour leurs enfants une charge parfois bien lourde, mais plutôt un aide et un secours. Une paix et une concorde inconnues jusqu'à ce jour règneront désormais dans les familles.

Finances.

Pour faire tout le bien qu'il se propose, il faut au régime socialiste de bonnes finances, établies sur des bases nouvelles plus solides et surtout plus équitables que les anciennes. Il a besoin aussi d'un plus gros budget, 4 milliards au moins. Nous allons montrer qu'il peut l'établir facilement sans surcharger les petits ni rançonner les gros.

La France a une fortune de 320 milliards. Quand l'Etat lui demande 4 milliards d'impôts c'est comme s'il disait à un particulier : Voilà 320,000 francs, je vous en garantis la libre propriété, en outre, j'assure votre existence, votre sécurité, votre liberté, et je facilite la réussite de toutes vos entreprises; tout cela moyennant une prime de 1 fr. 25 pour cent, soit 4,000 francs. Acceptez-vous ? La réponse n'est pas douteuse. Les Français peuvent donc sans crainte fixer leurs frais généraux à 4 milliards, cette somme est loin d'être onéreuse.

Le budget actuel des dépenses se chiffre par la somme de 3 milliards 400 millions et onze ministères se partagent cette somme. Le nouveau ministère du Travail et de l'Assistance absorbera 850 millons (on en verra le détail plus loin). Ce qui ferait pour le nouveau régime un budget de dépenses de quatre milliards et quart. Mais les suppressions de dépenses qu'il opèrera, notamment à la Guerre et aux Cultes, ramènera son budget un peu au-dessous de 4 milliards.

En dehors de ces économies à la Guerre et aux Cultes, il est assez difficile d'en faire de sérieuses, à l'ancien budget des dépenses, sans désorganiser des services qui sont utiles à la Nation. C'est au budget des recettes que seront apportées les modifications les plus importantes.

Dans la Société nouvelle, tous profitant des bienfaits de l'Etat, tous devront être sans-exception soumis à l'impôt, aussi bien le plus pauvre prolétaire que le plus gros capitaliste, la plus petite association que la plus puissante compagnie.

L'impôt frappera toutes les personnes majeures, hommes ou femmes, leur capital et leur revenu.

Afin que ce capital et ce revenu puissent être approximativement évalués sans obliger le contribuable à la déclaration, il sera établi une loi de finances ainsi conçue :

Tous actes ou titres quelconques, qu'ils soient publics ou sous-seing privé, (vente, achat, échange, emprunt, bail, prêt, location, hypothèque, liquidation, jugement, partage, donation, succession, association, reçu, quittance, décharge, mandat, lettre de change, billet à ordre, reconnaissance, etc.,) dont le montant atteindra 100 francs ou au-dessus, seront soumis à la formalité de l'enregistrement. sous peine d'amende.

De cette façon la fortune de chaque personne commencera à s'inscrire au premier héritage, achat ou placement d'argent qu'elle fera, et ses changements se manifesteront par les ventes, donations, achats, emprunts ou placements nouveaux. L'administration de l'Enregistrement cessera d'être un pur organe de perception d'impôts pour devenir peu à peu une sorte de Grand Livre de la Fortune publique.

Les fonctionnaires des Finances, Percepteur, Contrôleur et Receveur de l'Enregistrement, aidés du Maire et des Répartiteurs, établiront tous les ans la valeur approximative du capital et du revenu de toutes les personnes majeures de la commune, et c'est sur ces chiffres que le Directeur départemental fixera la quotité de l'impôt à percevoir.

Toute personne aura le droit de réclamer contre cette évaluation en y substituant sa propre déclaration.

Toute dissimulation faite de mauvaise foi sera passible d'une forte amende.

L'argent monnayé improductif, conservé comme provision ou réserve ne sera pas recherché.

Ces principes posés il s a établi trois impôts fondamentaux :

1° Un impôt fixe et irréductible de 12 francs (1 fr. par mois) frappant toutes les personnes majeures sans exception d'aucune sorte;

2° Un impôt progressif sur le capital ou fortune acquise, prélevant de 5 à 10 millièmes de la valeur vénale de ce capital à partir de 1,000 francs;

3° Un impôt progressif sur le Revenu, prélevant depuis 10 millièmes jusqu'à 200 millièmes du chiffre de ce revenu à partir de 1,500 francs.

La Chambre pourra chaque année augmenter ou diminuer ces deux derniers impôts d'un ou plusieurs millièmes, suivant les circonstances et les besoins.

Le taux progressif des deux impôts sur le Capital et sur le Revenu sera fixé ainsi qu'il suit :

De zéro à 1,000 francs de Capital on ne paiera rien.

De	1.000 fr. à	10.000 fr. on paiera	5 millièmes
De	10.000 fr. à	100.000 fr. —	6 —
De	100.000 fr. à	200.000 fr. —	7 —
De	200.000 fr. à	500.000 fr. —	8 —
De	500.000 fr. à 1.000.000	—	9 —
De	1.000.000 et au-dessus	—	10 —

De zéro à 1,500 francs de Revenu on ne paiera rien.

De	1.500 fr. à	2.000 fr. on paiera	10 millièmes
De	2.000 fr. à	4.000 fr. —	15 —
De	4.000 fr. à	8.000 fr. —	20 —
De	8.000 fr. à	20.000 fr. —	30 —
De	20.000 fr. à	100.000 fr. —	50 —
De	100.000 fr. à	500.000 fr. —	100 —
De	500.000 fr. à 1.000.000	—	150 —
De	1.000.000 et au-dessus	—	200 —

Exemples : — Un ouvrier, vieillard, ouvrière, ménagère, ou petit employé *pauvre* paiera . . . . . 12 francs.

Un petit cultivateur, artisan ou petit commerçant, possédant un capital de 5,000 francs et se faisant un revenu de 2,000 francs,

Paiera 25 fr., plus 20 fr., plus 12 fr. . . 57 francs.

Un médecin, avocat, ingénieur ou gros fonctionnaire, ne possédant pas de capital et se faisant un revenu de 20,000 francs,

Paiera 600 francs, plus 12 francs. . . 612 francs.

Un grand banquier, propriétaire, capitaliste, spéculateur ou riche compagnie, ayant un capital de 10 millions et un revenu de 400,000 francs,

Paiera, 100,000 fr., plus 40,000 fr., plus 12 fr.   140,012 fr.

On ne peut dépasser le taux de 200 à 250 millièmes sur les gros revenus. On serait injuste ou imprudent et on risquerait de chasser de France les grands capitalistes. Cependant il ne faut pas se faire illusion sur la puissance de nos milliardaires français; s'ils détiennent ensemble une demi-douzaine de milliards, c'est tout ce qu'ils peuvent posséder. Que pèse cette somme à côté des 320 milliards de la France? Et si la peur du socialisme entraînait quelques-uns de ces millionnaires à abandonner leur pays, la perte ne serait pas grande ni pour la France ni pour son budget.

Les trois impôts fondamentaux, quand ils seront arrivés à leur plein fonctionnement suffiront à alimenter tout le budget. Mais au début les socialistes devront conserver une bonne moitié des impôts anciens les moins impopulaires.

On supprimera d'abord les quatre contributions directes ainsi que la taxe sur les valeurs mobilières comme faisant double emploi.

Puis on libérera les boissons hygiéniques de tout espèce de droits, leur rendant la libre circulation.

On supprimera également les permis de chasse et les droits sur les allumettes.

De plus on diminuera de moitié les impôts suivants : Droits de mutation sur les immeubles; Droits sur les actes judiciaires; Droits sur les transports; Droits sur les sucres et tous droits de régie autres que sur les boissons.

D'autre part on appliquera deux réformes financières déjà suffisamment étudiées : la progression appliquée aux droits de succession, qui produira au moins cent millions; et le monopole de l'alcool, qui donnera plus de deux cents millions.

En outre, le nouveau régime, soucieux du bien-être des travailleurs des villes aussi bien que de ceux des campagnes, décrètera la suppression radicale des octrois. Les ressources que donnent les octrois seront remplacées par le produit de centimes additionnels appliqués aux deux impôts progressifs sur le capital et le revenu.

Les droits d'octroi sont impopulaires et vexatoires comme une douane intérieure. Ils augmentent outre mesure les dépenses des consommateurs pauvres et gênent considérablement le commerce des producteurs. Il est nécessaire dans une démocratie que tous les produits indispensables à l'entretien de l'existence, soient exempts de toute taxe et circulent à tarif réduit, afin que le consommateur soit mis en communication presque directe avec le producteur.

Grâce à toutes ces réformes financières et notamment à cette grande diminution des impôts de consommation, les petits pourront augmenter leur bien-être sans dépense nouvelle : ils auront le vin à dix sous le litre, le sucre à huit sous la livre, et la viande, la graisse, les légumes, le charbon et le pétrole bien meilleur marché qu'aujourd'hui; ils seront délivrés des allumettes de la régie et pourront même chasser sans permis.

Terminons la question financière en donnant le tableau des dépenses et recettes.

Budget des Dépenses.

Dépenses actuelles : Il faut défalquer des 3,400,000,000 les économies faites par la suppression des deux années de service et le budget des cultes soit 400 millions, reste. . . . . . . 3.000 millions

Dépenses nouvelles : Pour rendre l'instruction gratuite à tous les degrés, fonder des écoles professionnelles et d'apprentissage, etc. . . . . 100 millions

Pour subventionner 1,800,000 enfants pauvres à 120 francs. . . . . 216 millions

Pour les retraites de 750,000 vieillards ou invalides du travail à 360 francs. . . 270 millions

Pour secours aux malades pauvres et aux indigents. . . . . 200 millions

Pour indemnités aux sinistrés. . . . . 114 millions

Pour les victimes du chômage dans les ateliers d'assistance. . . . . 50 millions

Pour frais et secours imprévus. . . . . 50 millions
____
TOTAL. . . . . 4.000 millions
4 milliards.

Budget des Recettes.

Recettes actuelles : Portion conservée des recettes de l'Enregistrement, de la Régie et des sucres; — Douanes, Tabacs, Postes, Domaines, etc. . . . . 2.060 millions

Recettes nouvelles : Fonds de l'assistance et des bureaux de bienfaisance versés au budget. . . . . 200 millions

Majoration sur les successions . . . . 100 millions

Monopole de l'alcool. . . . . 200 millions

Impôt personnel : 27 millions de personnes majeures à 12 francs. . . . . 324 millions

Impôt sur le Capital donnant au début 2 ou 3 millièmes de la fortune française. . . 800 millions

Impôt sur le Revenu donnant au début de 20 à 25 millièmes du Revenu de la France (14 milliards). . . . . 316 millions
____
TOTAL. . . . . 4.000 millions
4 milliards.

Résumé.

Telle sera sous le rapport politique et social l'organisation du nouveau régime.

On peut le résumer en 21 articles :

1. Une Chambre unique de Représentants du Peuple est la maîtresse souveraine et la directrice de la République Française;

2. Le Pouvoir Exécutif est absolument soumis à la suprématie de la Chambre;

3. Une large décentralisation est accordée à la Commune et aux autres unités territoriales;

4. Les principes de Fraternité, de Justice et de Liberté prédominent partout et président à la confection de toutes les lois;

5. Les lois, justes pour tous, protègent de préférence les intérêts des faibles, des pauvres et des malheureux;

6 L'Instruction, sous toutes ses formes et à tous ses degrés, est donnée gratuitement par l'Etat;

7. La Justice est distribuée également à tous et sans frais. La liberté individuelle est absolument respectée, et la peine de mort est supprimée;

8. La Police est uniquement employée à prévenir les délits et les crimes, à poursuivre et à arrêter les malfaiteurs;

9. Le nombre des Fonctionnaires est réduit au minimum et leurs salaires sont révisés dans un sens démocratique;

10. Le service militaire est supprimé et remplacé par l'instruction au canton;

11. Toutes les religions sont respectées, mais aucune n'est subventionnée;

12. Le Commerce extérieur, source de prospérité nationale, est favorisé le plus possible;

13. Les travailleurs *pauvres* sont secourus, relevés et mis en mesure de traiter à armes égales avec les patrons;

14. La division des grandes propriétés, des grandes

usines et des grands magasins est recherchée et favorisée;

15. Le relèvement de la femme et son égalité complète avec l'homme est consacrée par la loi;

16. L'assistance publique est étendue à tous les prolétaires. Elle assure le travail et la vie aux adultes, une subvention aux enfants et une retraite aux vieillards.

17. Des indemnités sont accordées à toutes les victimes des intempéries, des catastrophes et des calamités publiques;

18. Des ateliers sont établis dans chaque commune pour assister par le travail les victimes du chômage;

19. Les impôts entièrement remaniés, sont répartis progressivement suivant la situation de fortune, demandant peu au pauvre et beaucoup au riche;

20. Toutes les taxes et droits vexatoires sont complètement abolis;

21. Enfin toutes ces lois de fraternité et de justice amènent la réconciliation des classes et le règne de l'harmonie sociale.

Conclusions.

Voilà les grandes lignes du programme socialiste français. C'est ce progamme qu'il faut répandre à profusion dans les villes et les campagnes afin de le faire connaître et de le rendre populaire.

Le socialisme est encore pour bien des gens entouré de nuages qui l'obscurcissent. L'étonnement et la peur qu'inspire toujours l'inconnu les éloigne au lieu de les attirer. Mais que sa belle doctrine française, toute de bonté et de solidarité, se montre au grand jour, et nous verrons aussitôt toutes les classes s'y rallier aussi bien les riches que les pauvres.

Les riches, en effet, ne sont pas aussi égoïstes qu'on le croit. Il y a chez eux, comme chez tous les humains, un fonds de bonté et de générosité naturelles. Et si cette bonté est encore endormie, c'est que les mœurs, les usages, les lois vingt fois séculaires l'ont empêchée de se réveiller. Mais quand nous leur montrerons que ces mœurs sont mauvaises, que ces usages sont cruels, que ces lois sont injustes, ils seront les premiers à en demander la réforme.

Nous leur dirons : Prenez garde, cette grande fortune que vous détenez ne vous appartient pas tout entière. Vous ne nous démontrerez jamais que vous ou vos pères l'ayez gagnée tout seuls. Un seul homme, si habile et si économe qu'il soit (à part un artiste arrivé ou un inventeur heureux) ne peut parvenir à la fortune à l'aide de son seul travail, gagnerait-il 30 francs par jour. C'est en vous assurant habilement la collaboration de nombreux travailleurs besogneux, sur chacun desquels vous prélevez une prime, un bénéfice plus ou moins grand, que vous arrivez à centupler le produit de votre journée. Mais à tous ces collaborateurs, qui vous ont abandonné une part de leur bien constituant le plus clair de votre fortune, vous devez quelque chose, tout au moins un secours aux plus malheureux, sans parler de la reconnaissance; au besoin et en poussant les choses à l'extrême, vous leur devriez une restitution.

Au lieu de cela que vous disent vos vieilles lois, vos mœurs, vos usages ?

Que vous ne leur devez absolument rien, ni restitution, ni secours, ni même de la reconnaissance, que vous avez le droit de les laisser souffrir et mourir, sans commettre le moindre délit, sans cesser d'être compté dans le rang des honnêtes gens.

Vous voyez bien que ces mœurs sont mauvaises, ces lois injustes et qu'il faut les réformer.

O vous donc les forts, les riches, les heureux, ne refusez pas plus longtemps de faire quelques sacrifices pour soulager les faibles et les malheureux, ce sont les artisans de votre bonheur, et loin de rester vos ennemis, ils deviendront vos plus fidèles amis et les plus ardents défenseurs de vos personnes et de vos biens. Ils ont besoin de vous, mais vous avez plus encore besoin d'eux. Ne vous laissez pas aller à un scepticisme et à une indifférence coupables. Au lieu de fermer les yeux sur ce qui se passe autour de vous, regardez et écoutez. Des masses profondes du prolétariat sortent de toutes parts des plaintes : « Moi j'ai toute ma vie retourné la terre pour faire pousser le blé et mûrir le raisin; moi j'ai pendant 30 ans fouillé les entrailles du globe pour en extraire le charbon; moi j'ai filé, moi j'ai tissé, moi j'ai forgé jusqu'à extinction de mes forces, et je n'ai pas le droit de me reposer quelques années avant de mourir; mon grand-père, mon père ont fait comme moi, la vie devient plus difficile, la souffrance plus aigüe, je me révolte à la fin et je ne veux pas que mes enfants soient encore plus malheureux que moi. »

Et ces cris de douleur se changeront bientôt en cris de colère et de haine. Pour n'avoir pas voulu partager un bout de votre manteau avec votre frère nu et grelottant, prenez garde qu'exaspéré par sa souffrance et par votre cruauté, il ne se jette sur vous, vous arrache vos vêtements et vous laisse tout nu à votre tour. Certainement il commettra un crime et une lâcheté, mais n'accusez que vous de l'avoir obligé à se porter à ces extrémités. Je vous en supplie, ayez pitié des pauvres, et n'hésitez plus à partager avec eux une partie de votre pain. C'est le seul moyen de disperser cette terrible armée qui commence à vous investir. Faites-le pour vous, faites-le surtout pour vos enfants qui deviendraient les pitoyables et innocentes victimes de votre criminel entêtement.

Et vous prolétaires qui avez été jusqu'à ce jour si patients, si courageux, si honnêtes, malgré vos souffrances et vos misères, ne vous laissez pas aller à la colère. Dans une société bien organisée il faut qu'il y ait des forts, des adroits et des riches, et cela dans l'intérêt même des faibles, des ignorants et des pauvres. Une nation composée uniquement de pauvres et de maladroits serait d'avance condamnée à une fin rapide. Ne maudissez pas les forts et les heureux, mais obligez-les légalement à soulager ceux de leurs frères qui n'ont pas pu ou n'ont pas su se créer quelques ressources. Dites-leur que l'homme qui souffre serait-ce par sa faute est digne de pitié, s'il n'est pas toujours digne d'intérêt.

Gardez-vous, en persécutant les riches, d'éteindre chez nous le désir légitime de s'enrichir qui est l'excitant, le principe, la source de la prospérité privée et publique. Si vos patrons ont besoin de vous, vous avez aussi besoin d'eux. A quoi vous servirait de brutalement les supprimer en vous emparant criminellement de leurs biens ? Combien d'entre vous seraient capables de préparer une entreprise et de la mener à bien ? Quelques-uns réussiraient peut-être, mais la plupart échoueraient et retomberaient en peu de temps dans la misère la plus noire. Vous seriez alors obligés d'aller implorer le pardon de ce patron que vous auriez molesté et volé, pour qu'il veuille bien reprendre la direction de votre travail d'autrefois.

Donc pas de colère, pas de fausse manœuvre; repoussez énergiquement ceux qui voudraient vous pousser dans les voies de la violence, ce sont des traîtres et des vendus. Soyez calmes et réfléchis, vous le pouvez, vous avez pour vous le nombre et la force; mais agissez, instruisez-vous, unissez-vous, et, froidement, sans tapage, sans manifestations inutiles, marchez ensemble à la conquête du pouvoir, en votant dans toutes les circonstances pour des représentants qui s'engagent à faire aboutir les réformes sociales.

Ce pouvoir vous l'aurez bientôt, demain peut être; mais il ne suffit pas de le conquérir, il faut le conserver. Si vous vous laissez aveugler par l'orgueil et la haine, il vous échappera bien vite et vous retomberez plus fort que jamais sous la domination de la bourgeoisie et du clergé.

Cependant en voulant éviter la violence il ne faudrait pas tomber dans la faiblesse qui vous conduirait au même résultat.

Vous vous armerez d'un grand calme, allié à beaucoup d'énergie. Vous casserez impitoyablement tout fonctionnaire si élevé qu'il soit, qui sera convaincu d'avoir combattu les institutions nouvelles. Mais vous vous montrerez pour les autres, surtout pour les petits, pleins de douceur et de sollicitude.

Ce n'est qu'en donnant l'exemple des vertus sociales que vous conserverez le pouvoir et que vous le ferez respecter de tous.

De même que la Révolution de 89, la Révolution prochaine, est formée par un bloc de réformes inséparables qui ont besoin d'être appliquées ensemble pour que le nouveau régime produise tous ses effets bienfaisants.

Réformes politiques et économiques doivent marcher de pair et sont comme les membres d'un même corps qui ne peut vivre de sa vie normale s'il est amputé d'une seule de ses parties constituantes.

Ainsi quand on aura décrété la nouvelle constitution sociale, il faudra l'appliquer entièrement et dans toutes ses parties. Ce sera d'ailleurs le seul moyen de montrer aux autres Nations la perfection du nouveau régime et de les engager à nous imiter, pour former plus tard la Grande République Sociale Européenne.

Réjouissez-vous prolétaires, que vous soyez ouvriers, commerçants ou employés, la gêne qui pour la plupart vous étreint va bientôt cesser. La crainte de la maladie ou du chômage ne sera plus pour vous un cauchemar de tous les instants; et au lieu de vous coûter, vos enfants et vos vieux parents vous aideront.

Petits cultivateurs bénissez le nouveau régime, il diminuera vos impôts, vous indemnisera des ravages des intempéries, favorisera la vente de vos produits, vous enseignera les progrès de la culture et exemptera vos enfants du séjour énervant de la caserne.

O nobles femmes, nos compagnes, si intelligentes et si bonnes, vous aurez aussi votre part dans la société nouvelle qui vous relèvera et vous placera au même niveau que nous.

Et vous, femmes du peuple, mères si courageuses, si

dévouées, et qui avez tant de peine à élever vos enfants, combien vous devez souhaiter la prompte constitution de ce nouveau régime. Il vous permettra de garder avec vous vos chers petits, de les entourer de vos soins si doux, de les élever selon votre cœur et de leur inculquer les idées de sagesse et de vertu, de courage et de bonté dont votre cœur déborde. Vous donnerez ainsi à la Nation Française une jeunesse qui lui fera honneur et lui assurera un brillant avenir.

Maintenant que nous avons exposé nos idées, vous nous connaissez, nous, les socialistes français et vous voyez ce que nous sommes.

Nous ne voulons ni molester ni effrayer personne. Nous sommes des réformateurs décidés, mais non des révolutionnaires violents. Nous ne voulons rien détruire, ni la propriété, ni la famille, ni la religion. Nous voulons, en réformant quelques lois fondamentales de la Société, y introduire un peu plus de justice, un peu plus de fraternité, un peu plus de liberté. Ce que nous voulons surtout et cela fermement, énergiquement, c'est obliger ceux qui ont du superflu à en donner une partie à ceux qui manquent du nécessaire. Mais encore une fois nous ne voulons arriver à ce résultat que par des moyens légaux, par la persuasion, par le bulletin de vote, par la conquête pacifique du pouvoir.

Pauvres ou riches, faisons donc tous des efforts pour hâter le triomphe de ces généreuses idées; alors seulement les souffrances des pauvres auront une fin, et la conscience des riches sera tranquille.

JEAN-LOUIS DU GERS.

Octobre 1897.

www.ingramcontent.com/pod-product-compliance
Lightning Source LLC
Chambersburg PA
CBHW051340050726
47595CB00006B/2339